BIOGRAPHIE

DE

MONSEIGNEUR LE DUC D'ORLÉANS,

SUIVIE DE QUELQUES MOTS

SUR

LA RÉGENCE.

Prix : 35 c.

PARIS,

CHEZ TOUS LES MARCHANDS DE NOUVEAUTÉS.

1842

IMPRIMERIES DE PECQUEREAU ET Cᵉ,
rue de la Harpe, 58.

BIOGRAPHIE

DE

MONSEIGNEUR LE DUC D'ORLÉANS.

Une catastrophe terrible vient de priver le trône de son plus fidèle appui et de sa plus forte espérance: le duc d'Orléans est mort!!!

Quand cette funeste nouvelle est venue à Paris, tout le monde refusait d'y croire : comment penser en effet qu'un jeune homme de trente-deux ans, placé au faîte des grandeurs de ce monde, venait tout à coup de disparaître de cette scène brillante où il était destiné peut-être à jouer un rôle plus élevé encore, et cela non par le fait d'une maladie ou d'un crime, mais par un accident des plus vulgaires? Et ici Bossuet ne dirait pas le duc d'Orléans se meurt, mais le duc d'Orléans est mort. Une famille qui avait échappé comme par miracle aux coups des régicides, vient de se voir frappée cruellement par cette même Providence qu'elle croyait son égide. Le prince qui avait échappé à la machine de Fieschi, aux boulets d'Anvers et aux balles des Arabes, est mort d'une chute, dans l'arrière-boutique de M. Cordier, chemin de la Révolte. Il y a là un grand enseignement pour les puissants de la terre.

Le duc d'Orléans était né à Palerme, le 3 septembre 1810. Il fut élevé libéralement et fit toutes ses études au collége de Henri IV; ses professeurs lui reprochaient une intelligence un peu engourdie. Il montra de bonne heure plusieurs heureuses qualités. Il était bon, généreux, enthousiaste, mais il manquait de finesse et de fermeté.

Quand la révolution de 1830 fit monter son père sur le trône, le duc d'Orléans montra les principes les plus exaltés et se sépara presque des opinions paternelles. L'artillerie de la garde nationale était alors composée à Paris des hommes les plus influents du parti républicain. Pour contrebalancer leur influence, la cour citoyenne songea au duc d'Orléans, qui entra aussitôt comme simple artilleur dans la 1re batterie; ses manières simples, ses paroles patriotiques, son affabilité et une générosité très-rare dans sa famille lui gagnèrent quelques partisans. Mais cependant le but que l'on se proposait fut manqué; le prince royal cessa alors de faire son service de soldat citoyen, et bientôt après l'artillerie de la garde nationale parisienne fut arbitrairement dissoute par le ministère.

Pendant la campagne d'Anvers, le duc d'Orléans se distingua sous les ordres du maréchal Gérard et monta un des premiers à l'assaut de la lunette Saint-

Laurent. Tous les soldats rendent justice à son courage et à son humanité.

Lorsque le maréchal Clausel prépara l'expédition de Constantine, le duc d'Orléans vint en Afrique et souffrit beaucoup dans cette malheureuse retraite qui coûta la vie à tant de braves et qui mit l'armée à deux doigts de sa perte. Il voyagea ensuite en France et en Allemagne, et ce fut dans ce voyage que furent commencées les négociations de son mariage annoncé à la tribune par M. Molé. L'alliance, il est vrai, était peu brillante, mais les cours du Nord boudaient encore la cour citoyenne, et la branche d'Orléans n'avait le choix qu'entre les intarissables Cobourg et les *principillons* d'Allemagne.

L'entrée de la princesse Hélène en France produisit peu d'effet ; les conseils municipaux votèrent, comme toujours, des réjouissances et des fêtes, mais le peuple demeura froid.

A Sainte-Menehould, la princesse avait été reçue avec un enthousiasme qu'elle pouvait croire sincère. En arrivant dans les plaines de Valmy elle débuta par une spirituelle flatterie à l'adresse de son beau-père et visita avec intérêt le théâtre de cette bataille où le duc de Chartres * cueillit ses premiers lauriers comme aide-de-camp de Dumouriez, qu'il suivit dans sa désertion.

* Aujourd'hui Louis-Philippe.

Le 28 mai, le duc d'Orléans, accompagné de son frère le duc de Nemours, vint au devant de sa fiancée jusqu'à Melun. Le 31 mai, le mariage fut célébré à Fontainebleau avec une pompe royale, et l'on remarqua que M. Pasquier, rejetant les formules simples employées jusque-là par la cour citoyenne, ressuscita les vieux usages, et appliquant aux époux une formule plus féodale que constitutionnelle, annonça le mariage de *très-haut et très-puissant prince, etc., etc.,* avec *très-haute et très-puissante princesse Hélène de Mecklembourg-Schwerin.* Le grand-chancelier de France était assisté de MM. Decazes et Cauchy.

Les artistes de l'Opéra, de la Comédie-Française et du Gymnase vinrent tour à tour à Fontainebleau donner des représentations devant la cour. Enfin, le 4 juin, la famille royale revint à Paris, où des fêtes brillantes furent préparées pour le 14.

Nous ne dirons rien des discours essuyés à bout portant, des poésies dynastiques et des rubans de la Légion-d'Honneur qui furent distribués à profusion, ainsi que des places et des grades militaires. M. Chasseloup-Laubat, entre autres, y gagna les épaulettes de chef d'escadron.

Plus de 900 condamnés militaires furent amnistiés et plusieurs pères de famille sortirent de la maison de Clichy par les soins du prince.

Enfin, le 14 juin, les fêtes commencèrent; la foule était partout presque compacte, elle était immense au Champ-de-Mars; à onze heures du soir, après avoir applaudi les manœuvres militaires, elle grossit tout à coup, et, après quelques minutes d'incertitude, se précipita vers les grilles de l'École-Militaire. Dans le désordre, une femme tomba; bientôt le tumulte fut à son comble, et des hommes indignes de ce nom eurent la joie féroce d'augmenter le mal; là des citoyens sont étouffés ou foulés aux pieds, des femmes sont outragées et dépouillées de leurs bijoux; on vit même des filous déchirer les oreilles des femmes pour leur enlever leurs pendants. La catastrophe fut complète et vint mêler les cyprès funéraires aux myrtes du royal hyménée. Le *Moniteur*, amoindrissant les chiffres, compta 24 morts et 28 blessés, et le journal *l'Europe*, signalant l'imprévoyance des autorités, fut saisi à la poste et dans ses bureaux.

Les fêtes du mariage de Louis XVI et de Marie-Antoinette avaient aussi été couvertes de deuil par une catastrophe plus terrible encore; le peuple en tira de funestes présages pour les deux époux, la journée du 21 janvier vint les confirmer, et la mort prématurée du duc d'Orléans vient encore de donner raison aux fatalistes.

Après son mariage, le duc d'Orléans fit en France

un voyage officiel, puis il passa la mer et visita la
Corse; il se plut à visiter ses montagnes et ses mac-
kis, escorté par les rudes bergers de cette île. Ré-
pondant, sous l'arc-de-triomphe d'Ajaccio, au maire
de cette ville, il s'écria :

« Oui, je suis heureux de visiter la ville où naquit
« le grand homme dont mon père a relevé la statue
« pour la poser sur la place à la face de l'Europe. »

A ces mots, les cris de *vive Napoléon! vive le duc
d'Orléans!* se firent entendre, et le journal de la
Corse, à cette occasion, eut le soin d'ajouter cette
phrase :

« Ces cris, nous ne les séparons plus; ils naissent
« l'un de l'autre, comme l'avenir du passé, et l'es-
« pérance du souvenir. »

A une revue, le prince royal, remarquant qu'une
compagnie de voltigeurs du 16e léger était com-
mandée par un lieutenant, demanda où était le ca-
pitaine; le colonel répondit que cet officier, décoré
de la Légion-d'Honneur et ayant dix-neuf ans de
service, venait de succomber à une maladie de
quelques jours, laissant une veuve sans fortune
n'ayant pas droit à la pension et une fille en bas-âge.
Le colonel ajouta que l'on venait d'ouvrir une sou-
scription parmi les officiers du régiment.

« Colonel, répond aussitôt le prince, vous savez
« tout l'intérêt que je porte à l'armée; je veux co-

« opérer à cette bonne action, je veux être placé en
« tête des souscripteurs. »

Le lendemain, le duc d'Orléans envoya 500 fr.

Pendant son voyage en Normandie, on cherchait
à éloigner la foule : « Laissez! laissez! s'écria-t-il,
« nous ne saurions jamais être trop près du peu-
« ple! »

Au discours du président du tribunal de commerce
d'Elbeuf, le duc répondit, à propos des souffrances
de la classe ouvrière :

« Monsieur le président, je ne viens pas pour re-
« cevoir des compliments, mais pour étudier les be-
« soins de l'industrie et entendre la vérité; vous
« avez donc rempli votre devoir en me la faisant con-
« naître tout entière, je vous en remercie; mais le
« gouvernement a besoin du concours de la magis-
« trature pour améliorer. — Vous avez raison : le
« sort des ouvriers est essentiellement lié à celui des
« fabricants; ils ont contribué à votre ancienne
« prospérité. — Je forme les vœux les plus sincères
« pour l'amélioration d'un état de chose qui m'af-
« flige profondément. »

Après avoir encore partagé les combats et les
fatigues de notre brave armée d'Afrique, le duc
d'Orléans, vainqueur au col de Téniah de Mouzaïa,
vint, en 1839, visiter Marseille pour la seconde
fois; il n'y retrouva plus cet enthousiasme méri-

dional qui l'avait fêté la première fois. Tous les citoyens étaient froids, et c'est à peine si les amis du pouvoir réussirent à organiser une garde d'honneur composée de vingt à vingt-cinq hommes. Sur le Cours, personne ne répondit aux cris de : *Vive le duc d'Orléans !* poussé par les gardes d'honneur; tous les chapeaux restèrent sur les têtes, ce qui fit dire que les Marseillais avaient reçu le duc d'Orléans en grands d'Espagne *.

Cependant le conseil municipal vota des fêtes brillantes, offrit un bal, un banquet et le spectacle.

Au théâtre et au banquet, le succès du duc d'Orléans fut purement officiel; mais au bal le succès fut immense, et le duc d'Orléans séduisit presque toutes les femmes par l'urbanité de ses manières, sa galanterie, sa figure distinguée, et, il faut bien le dire, l'éclat de son rang.

Le duc d'Orléans était partisan des fortifications de Paris, et cela sans doute par des raisons de famille.

On cite de lui une foule de traits qui lui font honneur.

Se promenant un soir aux Champs-Élysées, il fut accosté par un vieillard qui, les larmes aux yeux, lui demanda du pain. Le duc d'Orléans, étonné de voir le ruban de la Légion-d'Honneur

* Les grands d'Espagne restent couvert devant le roi.

briller à sa boutonnière, s'informa à lui-même de sa position, et, apprenant que c'était un vieux soldat de l'Empire, il lui remit deux-cents francs, et quelques jours après le vieux brave obtenait le brevet d'une pension suffisante à ses besoins.

Le prince royal aimait beaucoup l'armée, elle lui doit quelques importantes améliorations; cependant on peut lui reprocher d'avoir créé des régiments privilégiés, et d'avoir détruit l'égalité.

Le 13, la nouvelle de sa mort ne rencontra d'abord que des incrédules.

Son Altesse, qui devait partir le soir pour Saint-Omer, se rendait à Neuilly pour prendre congé de sa famille, quand, à la hauteur du chemin de la Révolte, les chevaux de sa voiture se sont emportés.

— Es-tu bien maître de tes chevaux? dit-il à son jockey.

— Pas trop.

Et aussitôt après le prince fut précipité de sa voiture, dans laquelle il s'était mis debout pour parler à son cocher. M. Cordier, aidé d'un ouvrier et d'un gendarme, aida à le transporter chez lui, Aussitôt les secours de l'art lui furent prodigués. M. Duval, de la maison de santé voisine, M. Baumy et M. Pasquier, médecin ordinaire du prince, se rendirent en toute hâte; on le saigna deux fois, on lui apposa des ventouses, tout fut impuissant. Le prince s'était *écrasé* la tête par la violence du choc, et le vomissement qu'il éprouva à trois heures donna lieu à une dernière espérance qui s'évanouit aussitôt. Cependant le roi, qui devait présider à Paris le conseil des ministres, venait de quitter Neuilly, accompagné de la reine et de Mme Athalin. A son arrivée, il trouva son fils étendu sans connaissance et tout ensanglanté; ni lui ni la reine ne voulurent plus le quitter.

A cette affreuse nouvelle, le duc d'Aumale partit de Courbevoie dans un cabriolet de louage, qui se brisa en route et faillit lui coûter la vie. La foule accourait de toutes parts : ministres, ouvriers, maréchaux et soldats se pressaient à la porte de M. Cordier pour voir la royale victime; on se montrait la pierre sur laquelle sa tête avait porté, on suivait la trace de son sang. Vers les trois heures, le prince parut reprendre un peu connaissance; il proféra quelques paroles en allemand : « *Fermez la porte, il y a là du feu.* » Il s'adressait sans doute au valet allemand qui souvent l'accompagnait. A quatre heures moins un quart, le roi sortit... et annonça lui-même à la foule la mort de son fils. Rien ne pourrait rendre l'émotion profonde qui paraissait sur tous les visages, des larmes s'échappaient de tous les yeux, et les soldats du 17e léger, qui en Afrique avaient combattu sous ses ordres, exprimaient énergiquement leurs regrets. Un signal du roi fit retirer les voitures de la cour. Les soldats du 17e, dont une compagnie venait d'arriver pour contenir la foule, le transportèrent sur un brancard à la chapelle de Neuilly. Derrière le corps, le roi et la reine suivaient à pied; après eux venaient sans ordre, mais dans le plus grand silence, le duc d'Aumale, le maréchal Gérard, le général Pajol, le maréchal Soult, les ministres, le préfet de police, l'abbé Coquereau, le curé de Saint-Philippe-du-Roule, plusieurs officiers, des dignitaires de tout rang, et la foule qui s'était accrue depuis deux heures. Le silence de cette triste cérémonie ne fut interrompu que par ces paroles de la reine : « Quel malheur pour la France ! »

Oui sans doute, cet accident soulève de grandes questions d'État pour notre France; c'était sur ce prince que reposaient les espérances de la monarchie constitutionnelle, et sa mort lui donne peut-être le dernier coup.

Ainsi mourut Ferdinand-Philippe-Louis-Charles-Henri d'Orléans, duc d'Orléans, prince royal, laissant deux enfants : Louis-Philippe-Albert, comte de Paris, né le 24 août 1838; Robert-Philippe-Louis-Eugène-Ferdinand, duc de Chartres, né le 9 novembre 1840; et pour veuve, S. A. R. Hélène-Louise-lisabeth, princesse de Mecklembourg-Schwerin.

Ce qui devait sauver la royauté peut la perdre; le comte de Paris n'a pas encore quatre ans. Si le duc d'Orléans était mort sans enfants, le duc de Nemours prenait sa place et rien n'était changé dans l'État. Un journal espère que cette épreuve sera la dernière de la royauté; mais aussi, ajoute-t-il, c'est peut-être ce qui peut la faire succomber.

Maintenant le duc d'Orléans aurait-il eu la force nécessaire pour gouverner la France et guérir ses maux? aurait-il emporté tant de regrets s'il était descendu du trône dans la tombe? nous ne le pensons pas. Le duc d'Orléans manquait d'habileté politique; il avait peut-être trop de loyauté et de patriotisme. Voici l'opinion du *Courrier français* :

« Élevé au milieu de nous, il connaissait nos tendances et les aimait; il était de ceux qui, en apprenant le traité du 15 juillet, portèrent la main à leur épée. Parvenu à la maturité, il devait un jour hériter d'une couronne que douze années d'épreuves venant à la suite d'une révolution l'avaient préparé à porter dignement. »

UN MOT SUR LA RÉGENCE.

La question de régence préoccupe tous les esprits, et chacun l'envisage sous un point de vue différent; le duc d'Orléans n'a pas encore une tombe, et déjà les vautours se disputent les lambeaux du pouvoir ! Trois hommes surtout veulent se faire un piédestal de ce tombeau, MM. Thiers, Molé et Guizot; ces génies dont le règne a été et sera encore fatal à la France répandent d'hypocrites larmes et veulent couvrir leurs fautes sous le linceul du duc d'Orléans.

Quand donc le pays se lassera-t-il de cette fatale trinité? Quand donc la France répudiera-t-elle l'ambitieux Thiers, le honteux Molé et le cynique *organe des intérêts anglais dans le cabinet,* le renégat Guizot?

La chambre doit, dit-on, faire une loi sur la régence: en a-t-elle le droit? Si la *souveraineté du peuple* n'est pas un vain mot, le droit que se donne la chambre des députés est une usurpation... Pour que Napoléon gouvernât légitimement la France, il a fallu quatre millions de votes. La chambre désignant un régent fera un acte qui surpassera ses pouvoirs. En France, il ne peut y avoir de base solide que pour deux gouvernements, le gouvernement *franchement démocratique* et le gouvernement légitime.

La régence du duc de Nemours offre autant de dangers que la régence de la duchesse d'Orléans.

Le duc de Nemours ne possède pas l'amour du peuple et de l'armée, il n'inspire que la défiance; la similitude de son langage avec celui de Bonaparte et sa fierté aristocratique menacent la France d'un retour vers le passé.

La duchesse d'Orléans a du talent et des vertus domestiques, elle est digne de la tutelle de ses enfants, mais sa régence est encore un péril, car elle est *allemande* et *protestante.*

Un seul moyen peut sauver la France, l'appel au peuple. Une chambre qui serait l'expression du vœu national, non-seulement pourrait rendre légitime son œuvre, mais encore elle sauverait l'avenir des orages dont il est menacé.

Aujourd'hui Louis-Philippe a soixante-dix ans, il n'a gouverné la France qu'à force de talent et d'opiniâtreté ; après lui un gouvernement ne sera solide que s'il s'appuie sur des institutions nationales, et pour cela il faut que l'on maintienne ou que l'on reconnaisse la VÉRITÉ de ces institutions.

Il faut des hommes nationaux à la tête du gouvernement. Quant à M. Guizot, son nom est en exécration et sa honte doit enfin s'ensevelir avec lui dans l'obscurité. Les hibous vivent dans les ténèbres : que le renégat de Gand y retourne, emportant avec lui les mépris et les imprécations de tout un peuple. La *réforme électorale*, loin d'être un danger, serait une garantie pour le pouvoir. Seulement il faudrait abaisser le *cens* à chaque législature, et venir ainsi sans secousse jusqu'au vote universel. Malheureusement le pays ne peut rien attendre des élus du monopole, ils poussent la monarchie vers un abîme qu'ils n'apercevront qu'au moment de la chute. Mais alors peut-être les paroles de *Lafayette* à Charles X bourdonneront à leurs oreilles, et le peuple dira, lui aussi : — *Il est trop tard !*... Quant à nous, nous désirons le bonheur de la France et nous prions Dieu qu'il éloigne le péril.

FIN.